TRAITÉ
DES SERVIS,
& devoirs Seigneuriaux;

Enfemble les Poids, & Méfures du Païs de Savoye, tant Blé, Vin, qu'autres danrées,

Avec la valeur des Monnoyes, tirées des Archives
de la Chambre des Comptes, & les marques dont
fe fervoient les anciens pour leurs Poids &
Méfures.

Trés-utile & néceffaire à tous Seigneurs, Praticiens,
Commiffaires, Fermiers & autres poffedans biens,
qui retirent ou doivent Servis & Courvées.

Par Spectable GASPARD BAILLY, *Avocat*
au Souverain Senat de Savoye.

Vû, & corrigé par le Senat.

A ANNESSY,
Chez HUMBERT FONTAINE,
Imprimeur & Libraire.

M. DC. XCIX.

Avec Permiffion du Senat & deffence à tous autres.

AU LECTEUR.

TRés - cher Lecteur , je vous presente ce petit Livre , intitulé *Traité des Servis* , *&c.* Je me persuade que vous luy ferez la grace de le recevoir favorablement : c'est un Ouvrage grandement utile au public , qui contient en peu de mots les matieres feudales , selon les coûtumes de Savoye ; son Auteur n'ayant voulu ocuper le Lecteur à la lecture de quantité de questions qui sont inutiles , s'étant contenté de faire la recherche de celles qui sont en usage , & sont observées & confirmées par les Arrests rendus par le souverain Senat. Et comme il y a peu de personnes qui possedans des fonds , soient éxempts de payer des servis, je me suis donné l'honneur de mettre sous la Presse ce petit Recüeil , en témoignage du zéle que j'ay pour le bien public , & du respect avec lequel je suis ,

MESSIEURS,

Vôtre trés-humble, & affectionné Serviteur, H. FONTAINE.

DES SERVIS.

Se tiens ce seiour ne rene sont enu en action perienelle p. reconnoistre

Rempublicam. Chap. 4. liv. 3. du vieux Statut.

N OUS croyons de faire le bien de nos Etats, en moderant la rigueur des Loix, par l'équité, & parce que nous avons apris par les plaintes continuelles de nos Vaſſaux & autres Sujets, que par fois les Tenãciers & poſſeſſeurs, ſoit leurs héritiers & ſucceſſeurs, vendent, alienent, échangent & donnent leurs biens & fonds ſe mouvãs en domaine direct des Seignrs, & ja reconnus en leur faveur, avec leurs cẽſes, ſervis, ſans indiquer, ni declarer de quel ſief ils ſont mouvans, pour tromper les Seigneurs, & par ſucceſſion de tems il arrive que tels fonds, par le moyen des véres, paſſent entre les mains de quantité de perſonnes, au moyen dequoi les Seigneurs ont peine de les faire reconnoître, & retirer les ſervis des derniers poſſeſſeurs, diſans & alleguans qu'ils ne ſont heritiers du reconnoiſſant, & par ce moyen refuſent de paſſer recónoiſſance en faveur des Seigneurs directs. VOULANS pourtant pourvoir aux foutbes & tromperies des poſſeſſeurs, preferans le bien des Seigneurs Directs, & l'utilité du public, à la rigueur du droit, & autres dignes conſiderations à ce nous mouvans. NOUS ORDONNONS par le preſent Edit, que s'il arrive que les Seigneurs Directs tirent en inſtance les Tenanciers & poſſeſſeurs des fonds ja reconnus, pour les faire reconnoître de nouveau en leur faveur, ou faire payer les Servis, & qu'ils preuvét & faſſent voir que les fonds pour raiſon deſquels on demãde la recónoiſſance, ou le payement des Servis, ont été düëment recõnus en leur faveur

A 2

de leurs prédéceſſeurs, ou autres deſquels les Seigñrs
Directs ont droit. Comme auſſi preuvent que ceux à
qui ils veulent faire reconnoître les fonds, en ſoient
poſſeſſeurs, & demandent qu'on les reconnoiſſe à la
forme des precedentes reconnoiſſances, encore que
les Seigñrs Demandeurs ne preuvent les fonds être
mouvans de leur fief, mais les ſervis demãdez leur être
dûs, ſinon en vertu des anterieures reconnoiſſances,
les Tenanciers, ſoit poſſeſſeurs, ſoient tenus de les re-
cônoître en faveur des Seigñrs Directs, ſoit leurs Suc-
ceſſeurs univerſels & particuliers ayans cauſe d'eux,
mediatement, ou immediatement, & ce avec les ſervis, cenſes à la forme des precedentes reconnoiſſances, & que les Juges pardevãt qui l'inſtance ſera pen-
dante, les condamnent & contraignent à le faire, ſans
que les Seigñrs Directs doivent intéter l'action réelle, qui ſeroit de trop difficile preuve s'ils s'en vouloiét
ſervir, afin que tels poſſeſſeurs ne s'enrechiſſent aux
dépens d'autrui, ſinon qu'ils s'opoſent aux demandes
faites par les Seigneurs Directs, & preuvent que les
fonds qu'ils poſſedent ſont d'autre fief que celui du
Demandeur; ou qu'ils ſont libres & francs, ou afran-
2 chis par celui en faveur duquel on les a reconnu, ou
par autres ayans cauſes & pouvoir de lui, ou qu'ils
3 ont été mal reconnus par ceux qui en avoient le
pouvoir. Auquel cas nous commandons que les Juges éxaminent les opoſitions, & terminent les dif-
ferens ainſi qu'il apartiendra.

Licet jure ſcripto. Chapitre 6. *du vieux ſtatut*
Le Seigneur ne pourra demander la commiſe, & échûte
du fonds ſi bien l'Emphiteote n'a payé les ſervis
par l'eſpace de trois ans.

SI bien il eſt ordonné par le droit écrit, que ſi l'Emphiteote ne paye les ſervis par l'eſpace de trois an-

nées, encore qu'ils n'ayent été demandez, il sera loisi-
ble au Seignr Direct de déchasser l'Emphiteote de ses
biens; mais d'autant que la coûtume est au contraire
dans nos Etats, & que nous & les autres Seignrs Directs tenons des Exacteurs pour la demande des devoirs Seigneuriaux aux favetiers qui ne les payét sinó
quand on les demande, ou que par le Contrat d'albergement, & recônoissance ils y soient tenus. Nous Ordonnons par le present Edit à jamais irrevocable,
qu'on ne pourra dechasser les Tenanciers & Emphiteotes des biens qu'ils tiendront en albergement, &
que les biens ne feront échûte, ni commise en faveur
du Seignr, sur ce que les Emphiteotes cessét de payer
les servis & censes par l'espace de trois ans consecu-
tifs, aprés qu'ils auront été demâdez par les Seignrs.

Census, reditus & servitia. Chap. 7. *Du stanc.*
Les Receveurs ne pourront cótraindre les Emphiteotes de
payer les Censes & Servis des années échûës, qu'ils n'ont
demandées en blé; mais ils payeront seulement les servis en
argent à la valeur que les danrées ont été à bon marché.

NOus commandons par le present Edit, que les
Exacteurs qui n'ont demandé ni retiré des Emphiteotes, toutes les années les servis, censes, & rentes
au tems de fertilité, consistans en blé, vin, legumes,
noyaux & autres danrées dûës annuellement: s'il n'y a
aucune demeure des Favetiers, les Exacteurs tant
nôtres, que des autres Seignrs, ne les pourront contraindre de les payer en tems de cherté, en danrées,
mais en argent seulement, au prix & à la valeur de la
fertilité auquel on l'a dû exiger, & que les Debiteurs
l'ont offert, & par tel payement ils seront liberez, sinon qu'ils ayent refusé le payemét, ou dilayé, desquels
on pourra retirer les danrées en tems de cherté, à
cause de leur coûtumace; & au contraire, si les Debi-

A 3

teurs au tems de cherté, ont offert de payer les devoirs & cenſes, & les Receveurs les ont refuſé, ils
ne pourront être contraints de les payer les années
ſuivantes, ſelon ce que les danrées ont valu au tems
de cherté, ni aucuns interêts, mais les payant en
eſpece nous les declarons pleinement liberez.

CHAPITRE I.

1. *Définition de l'Emphiteoſe.*
2. *Origine de l'Emphiteoſe.*

1. L'Emphiteoſe ſe definit chez les Juriſconſultes
*contractus, quo Dominus fundi certo pretio, vel certa
annua penſione tradit excolendum, ad certum tempus, aut
in perpetuum dominio utili tranſlato in emphiteutam, directo verò penes eum remanente, l. fin. C. de jur. emphit.*
& ce concrat eſt apellé contrat de Culture.

2. Il a pris ſon origine des anciens Romains qui
avoiét coûtume de diſtribuër à leurs ſoldats, les Pro-
vinces aquiſes, & en chaſſer les autres habitans, leſ-
quels ſoldats ne ſçachant que faire des terres qu'ils
avoient ocupez, & que la mort & la ſuite des poſſeſſeurs avoient renduës incultes, ils les donnerent à
meliorer ſous quelques cenſes, & reſervans le domaine direct.

Elle n'eurent un nom particulier qu'au tems de Zenon paſſant auparavât ſous l'Empereur Leon où elles
étoient communes, tantôt pour aſſenſemens, tantôt
pour ventes; mais maintenant la juriſprudence nous
aprend que tels contrats ſont un troiſiéme genre.

Les Cenſes foncieres peuvent être de toutes choſes qui ſont dans le commerce des hommes, comme blé, vin, legumes, foin, or, argent, ſucre, canelle,
hipocras, & autres choſes ſemblables, à la volonté
du Seigneur ou bien en albergement : & comme la
plûpart des cenſes ſont en argent, ainſi que nous
voyons par les reconnoiſſances anciennes & nouvel-

les. Comme autrefois les monnoyes étoient differentes des nôtres d'aprefent, il eft fort à propos
d'en donner l'explication au public, pour l'en inf-
truire & éclaircir ; felon les mémoires que nous en
avons tirées de la Souveraine Châbre des Comptes.

Valeur des Monnoyes extraite des Archives de la Sou-
veraine Chambre des Comptes de Savoye.

Un florin d'or.   12. fols Savoye.

Il faut remarquer que les florins d'or qui étoient en ufa-
ge parmi nous avant l'écu d'or, étoient même chofe, &
font defaillis tant pour n'en avoir été battus, qu'autrement
le feul nom en ayant été retenu, & au lieu qu'autrefois c'é-
toit un corps materiel & vifible de diverfe compofition, &
de müable valeur, l'ignorance qui corrompt toutes chofes,
lui a donné la valeur permanente & prix, & fait fervir
juqu'à prefent pour la quantité de douze deniers gros, qui
font douze fols de Savoye. Et ainfi le Senat a jugé au pro-
cés de Me Joire contre les RR. PP. Feüillans de Lemens.

Toutesfois il faut remarquer que fi dans les reconnoif-
fances tel florin étoit apretié, il faudra payer le prix
porté par icelles, in vim ftipulationis.

Le florin bon poids,   douze fols deux quarts.
Le florin petit poids,   douze fols de Savoye.
Le florin bon prix,   vingt-quatre fols.
Le florin de Province,   quinze fols.
Le florin de Reins,   vingt-fix fols forts.
Le franc d'or,   quinze fols Savoye.
Le florin à O Rotundo,   vingt fols Savoye.
Le florin monnoye de Savoye,   douze fols Savoye.
Le fol fort, vaut fix quarts, ou douze deniers forts.
Le fol écucellé,   cinq quarts.
Un fol fort écucellé,   fix quarts.
Un fol fort ad obolum rotundum,   fix quarts.
Un gros,   quatre quarts.
Un fol gros,   un florin de Savoye.

A 4

Un fol gros tournois,	dix-huit fols.
Un gros vieux,	treize fols, fix deniers.
Un fol tournois,	fix quarts.
Un fol Genevois,	quatre quarts.
Un fol Genevois vieux,	cinq quarts.
Un fol Viennois,	trois quarts.
Un blanc,	quatre fols.
Un fol blanchet,	un fol de Savoye.
Un fol fort éperonné,	fix quarts.
Un fol gros tournois, un florin, neuf fols trois quarts.	
Une obole d'or,	neuf fols.

Six deniers d'or Savoye, dix-fept fols, 4. den. forts.

Douze deniers gros, un florin, le denier gros valant un fol de Savoye.

Le fol de Savoye vaut douze deniers.

Le fol fort vaut auffi douze deniers, mais le denier fort vaut plus que le petit.

Le fol fort vaut des piéces feptante deux.

Le fol de Savoye vaut de mailles, ou oboles, 24.

Le fol fort vaut des mailles 36.

Bifantius dit que les Anciens acheterent des terres de la bource commune, lefquels ils donnerent en albergement ; à fçavoir les fertiles pour un tems, & les fteriles à perpetuité, & aprés on a albergé tant les fteriles, que fertiles à perpetuité, fans faire aucune diftinction des unes aux autres.

D'où l'on voit que le contrat d'Emphiteote a pris fon origine du droit des gens, non pas du droit civil, fi bien l'Empereur Zenon lui a prefcrit une forme particuliere pour le diftinguer des autres conventions, par fa Loy, qui fut publiée l'an de Jefus-Chrift 477. *l. 1. cod. De jure emphiteutio*

CHAPITRE II.

1. Il n'eft loifible d'impofer nouvelle cenfe fur les biens feudaux au prejudice du Seigneur direct.

picte n'est que le quart du deniere, il faut sça-
naille et obole sont la meme chose cote impoſer
et la moitié du denier au prejudice
le denier est la 12.e du ſol, du gros, retiendra au-
du den.^r gros qui ſont le meme défendu par
ces derniers ſont la 12.e du florin. vril 1561. au-
Senat, ainſi
Mais il y a d'autres deniers, et def. 9. C. de
ſols, appellés forts, ou Tournois, it fondée ſur
et ils valent la moitié de plus euta alienare
que les deniers et ſols ci deſſus cenſum, im-

charger ſon
prier Dieu
us grand prix

que les fonds. Ainſi le Senat a jugé pour les Reve-
rends Peres de ſainte Marie Egyptienne hois la Ville
de Chambery, contre le Recteur de l'Hôpital de
ſaint François. *voiés tit. des laods chap. 39*

CHAPITRE III.

1. *Les arrerages des Servis ne pourront être exigez que
de cinq années.*

2. *Explication de l'Edit.* — 3. *des ſervis portables*

1. LEs arrerages des ſervis, droits & devoirs Seigneuriaux, annuëls, & penſions annuelles en
quoi qu'elles conſiſtent, ne pourront être demãdées
ni éxigées de plus long eſpace que de cinq années,
paſſées leſquelles toutes les actions qui pourroient
competer pour l'exaction d'iceux, en vertu des terres, ou autres titres, ſeront entierement preſcrip-
tes; ſinon qu'elles ſe treuvent avoir été perpetuées
par interpellation judicielle, ou par obligation nouvelle, ou qu'il y aye legitime empêchement d'agir
dans le tems de cinq ans, par juſte abſence, ou

2. *Explication de cette Regle.*

1. POur intelligence de cette matiere, il faut sçavoir, qu'il n'eſt loiſible à l'Emphiteote impoſer
nouvelle charge ſur les biens feudaux, au prejudice
du Seigneurdirect, & alienant, on ne ſe retiendra aucuns ſervis, cenſes ni tributs. Cela étant défendu par
Edit d'Emanüel Philibert du dernier Avril 1561. au-
toriſé par quantité d'Arrêts rendu par le Senat, ainſi
que dit Mr le Preſident Favre, en la def. 9. C. de
jur. emphit. qui raporte la raiſon de l'Edit fondée ſur
la Loy, *nam cùm non liceret olim emphiteutæ alienare*
irrequiſito domino, multominus poterat ei cenſum, im-
ponere aliquando, l, ult. C. de jur. emphit.

2. Toutesfois l'Emphiteote pourra charger ſon
fonds d'une penſion annuelle pour faire prier Dieu
pour ſon ame, parce que l'ame eſt de plus grand prix
que les fonds. Ainſi le Senat a jugé pour les Reve-
rends Peres de ſainte Marie Egyptienne hors la Ville
de Chambery, contre le Recteur de l'Hôpital de
ſaint François. *voiés tit. des laods chap. 29*

CHAPITRE III.

1. *Les arrerages des Servis ne pourront être exigez que*
de cinq années.

2. *Explication de l'Edit.* *3. des ſervis portables*

1. LEs arrerages des ſervis, droits & devoirs Seigneuriaux, annuëls, & penſions annuelles en
quoi qu'elles conſiſtent, ne pourront être demãdées
ni éxigées de plus long eſpace que de cinq années,
paſſées leſquelles toutes les actions qui pourroient
competer pour l'exaction d'iceux, en vertu des terres, ou autres titres, ſeront entierement preſcrip-
tes; ſinon qu'elles ſe treuvent avoir été perpetuées
par interpellation judicielle, ou par obligation non-
velle, ou qu'il y aye legitime empéchement d'agir
dans le tems de cinq ans, par juſte abſence, ou

autre cauſe raiſonnable , qui ſoit ſufiſante de droit
pour interrompre la preſcription , ou pour meriter
le benefice de reſtitution en entier , ainſi qu'il eſt
porté par Edit de Charles Emanüel premier du pe-
nultiéme Juin 1587.

2. Pour explication de cét Edit , il faut voir l'Arrêt
rendu par le Senat , par forme de Reglement , le 7.
Juillet 1699. entre les Religieux de S. François de
Chambery demandeurs , contre Noble Jean Sar-
dox , par lequel il a été conclu en plein Senat que
la preſcription de cinq années pour demander le
payement des arrerages , ſe commencera au terme
échû dés l'Edit , juſqu'à la demande en retrogra-
dant ; & pour le regard des arrerages échûs auparavant l'Edit , qu'il pourront être demandez pour 29.
ans , il a été dit qu'és 29. ans les années échûës ſeront comtez dés l'Edit juſques au jour de la demande , ſans pouvoir demander pour les 29. ans
échus auparavant l'Edit , & encore ce qui eſt échû
dés la publication de l'Edit avant la demande , vû
que auparavant icelui , les 29. ans commenceroient
avant la demande formée. Et ſuivant ce le Senat a
jugé , aux Religieux pour dix ans avant l'Edit , &
cinq ans échûs avant la publication.

Quant à la preſcription des ſervis , il faut faire di-
ſtinction des portables , & de ceux qui ne le ſont pas.
3 Quant aux ſervis portables , la proclamation qui ſe
fait à l'Egliſe toutes les années , ſert d'interpellation,
tellement que moyenant ce , ils ne preſcrivent jamais , *& ſemper peti poſſunt* , quoique Monſieur Pa-
pon ſoit de contraire opinion ; diſant que telle proclamation n'eſt ſufiſante ; mais qu'il faut citer les Emphiteotes , ſon opinion étant fondée ſur la Loy *om-*
nes , & la Loy *ſicut* , *C. de preſcriptionibus* 30. *vel* 40.
annorum , & pour concilier toutes ces opinions , l'on

pourroit dire que la proclamation faite en l'Eglise seroit valable pour ceux qui sont dans le lieu, & qui vont à la Messe ou telles proclamations se font, mais qu'il faudroit citer particulierement ceux qui ne sont habitans riere le lieu où telles proclamations se font.

Il faut remarquer que l'on adjuge les arretages de cinq ans avant l'interpellation, & cinq ans aprés, que sont pour dix ans.

CHAPITRE IV.

1. *Les reconnoissans, ni leurs heritiers & décendans sont reçûs à demander vûë de lieu.*

2. *Comme il faut entendre cela.*

1. CEux qui ont reconnus, ou leurs heritiers, ne seront reçûs à demander information & vûë de lieu; mais seront tenus de reconnoître, ou bien donner nouveau Tenancier, ce qui a été confirmé par divers Arrêts, ainsi que dit Monsieur le President Favre, *def. 18. C. de jur. emphit. Nec ullum id emphiteutis videri potest, qui si summo cum iis jure ageretur, rem emphiteuticariam irrequisito domino, alienare non possent.*

Et quant à l'heritier possesseur, il le faudra interroger s'il est heritier, & pour quelle part il l'est, *præsertim si personali agatur, alioqui non potest aut tanquam hæres, aut tanquam possessor statim condemnari, nec si filius emphiteuta proponatur,* & quant à l'heritier il ne sert de rien s'il est heritier pur & simple, ou sous benefice d'inventaire, & de la Loy, parce que tel benefice n'a rien de commun avec le droit du Seignr.

2. Si bien par l'Edit, il est dit, que le Seigneur n'est obligé d'indiquer le possesseur qui a reconnu, ou son heritier, cela s'entend que le Seigneur n'est obligé d'indiquer à l'amiable avant le plaid.

Que s'il y a procés, & que dans l'instance l'on nie l'identité des fonds, & que le possesseur allegue que

la chose qu'il possede , n'est pas la même que celle
contenuë en la reconnoissance , encore que l'on donne les mêmes confins, il faudra que le Seigneur preuve l'identité du fonds par témoins , *quoniam fieri ne-*
quit ut per solam instrumentorum exhibitionem, & colla-
tionem certa fiat rei controversa demonstratio , dit Monsieur le Président Favre , *def. 25. C. de jur. emphit.*

Il y a deux sortes de vûë de lieu , l'une qui est hors
jugement, qui se fait par le Seigneur à ses dépens, &
l'apelle à l'amiable ; que si le Tenancier ne s'en
contente , il en sera faite une seconde à communs
frais , laquelle indication se doit faire par bons titres , & documens , ainsi que dit l'Edit du 15. Novembre 1605. pour l'explication duquel il faut remarquer l'Arrêt suivant rendu par le Senat.

Sur la remontrance faite par le Procureur General
de Son Altesse Royale du 15. Novembre 1605. soit
entre autre établi & ordonné que les Commissaires
& Renovateurs des reconnoissances des Seigneurs
Directs , pourront informer les Tenanciers & possesseurs des biens se mouvans des fiefs des Seigneurs , & quant à l'information , judication , les
Tenanciers & possesseurs seront tenus de répondre
de la tenute , & neanmoins plusieurs des Seigneurs
ayans fiefs directs , se plaignent que quand leurs
Commissaires veulent informer leurs Favetiers, leur
indiquer leurs pieces qu'ils pretendent être de leur
fief, font refus de répondre & souffrir l'indication,
sinon qu'on leur fasse exhibition sur le champt de
leurs Terriers & reconnoissances , originairement,
ce qui les charge de dépens , excedans quelquefois
ce qu'ils demandent, & mettre leurs terre, leur Terriers en peril.

A quoi seroit requis de pourvoir , & declarer que
les Commissaires pourront informer leurs Favetiers

par les exhibitions des Extraits par eux fignez, fauf en cas de conteftation, exhiber en jugement, les originaux ou vidime d'iceux.

Le Senat faifant droit fur ladite Remontrance, a dit declaré & ordonné que les Commiffaires Renovateurs des reconnoiffances des Seigneurs, ayant fief directs, pourront informer les Favetiers & poffeffeurs des biens fe mouvans des fiefs des Seigneurs, par indication des biens, & exhibition des Extraits par eux fignez, qu'ils exhiberont fur les lieux, fauf en aprés en cas de contefte, & contredits de produire & exhiber en jugement les Originaux qu'ils pourront retirer, en laiffant l Extrait d'iceux dûëment collationné. A Chambery au Senat ce 20. Aouft 1610. figné Nicole.

Que fi les fonds reconnus étoient entre les mains de plufieurs, par divifion & vente, les Condivifeurs feront obligez de faire faire l'égance à leurs frais & dépens, & jufques à ce que l'egance foit faite, le Seigneur pourra convenir celui qui bon leur femblera.

Mais comme cette égance doit être faite, voyez Monfieur le Prefident Favre, *def. 45. de jur. emphit.* qui demande *an pro modo quantitatis, & menfura divifio canonis divifio facienda fit, an pro bonitate & qualitate portionum*, ou il eft dit que *feo tempore quo dividi fundus incipit ea perequatio fiat, verius eft bonitatis rationem habendam effe, ne alioqui afficiatur injuriâ is qui fterilior pars fundi obtigerit, fi parem habeat oneris portionem.*

Que fi telle égance fe fait long-tems aprés que les fonds & pieces ont été divifez, & qu'on ne puiffe fçavoir la bonté des pieces du tems de la divifion, alors *pro ratâ quantitatis, non bonitatis præftatio Canonis dividetur, quod fi appareat partes, alias fundi alias effe naturaliter meliores, bonitatis naturalis ratio,*

*semper habenda est , ut in hoc differat , naturalis bonitas,
ab accidentali superveniente.*

CHAPITRE V.

1. *Les arrerages des Servis comme se doivent payer.*
2. *Des dommages , interêts des arrerages des Servis.*

1. ON paye les arrerages des Servis à la commune valeur, s'il n'y a aucune demeure de la part du possesseur, & à la plus haute valeur s'il est en demeure des interpellations , laquelle demeure se purge comme dit Mr le President Favre en la def. 40. *C. de jur. emphit.* par l'offre qui se fait par le debiteur lorsque la demande est faite sans aucune contestation, c'est pourquoi les Praticiens disent dans leurs actes de presentation , qu'ils offrent de payer tous les devoirs *sans forme ni figure de procez* , & le Juge par sa Sentence condamne au payement des devoirs à la commune valeur avant la contestation, & aprés la contestation , à la plus haute valeur.

2. Surquoy il faut remarquer l'Arrest rendu par le Senat, par forme de Reglement, le 28. Mars 1662. par lequel il a été jugé que les dommages , interêts des Servis demandez, étoient tant de ceux adjugez à la commune valeur avant l'interpellation, que de ceux qui ont été adjugez à la plus haute valeur , dés l'interpellation, parce que si celuy à qui le Blé est dû , l'eût eû , il l'auroit vendu, & fait ses affaires ; aussi les Seigneurs ont coûtume d'inserer dans leurs requête , *avec dommages & interêts.*

Mais comme l'équitable justice du Senat a vû que quantité de familles pouvoient être ruïnées par le moyen de telle adjudication *des dommages interêts,* car l'on feroit que le vaisseau de blé viendroit à plus de 30. florins, qui est l'excessive cherté, qui n'arrive qu'en tems de famine, si l'on adjugeoit les dommages interêts des Servis adjugez *ob moram ,* à la plus haute valeur, ce qui défoleroit les Paroifles & Mandemens entiers, & reduiroit le pauvre Païfan, & autres perfonnes à la mendicité ; car les Seigneurs pour falaire des Commiffaires & autres leurs Agens, leur cedent & tranfportent les arrerages des Servis à eux dûs, ce qui cauferoit une ruïne totale dans l'Etat. Maintenant l'on n'adjuge tels dommages interêts, finon que le Senat voit qu'il y a une notoire & manifefte conteftation & dol de la Partie deffenderefle, qui par fes chicanes tâche d'entretenir le Seigneur en procès : & ainfi le Senat a jugé pour Maître Pierre Perrot, contre Maître Genolliar Commiffaire, & Agent du Seigneur Comte de S. Alban, ayant condané Me Perrot au payement des arrerages des Servis avant la conteftation à la commune valeur & aprés la conteftation à la valeur plus haute, à la forme de l'Edit ; & comme Me Genolliar procedant à la liquidation de la valeur du Blé à luy adjugé, y voulut inferer en icelle les dommages interêts aprés les contredits raportez par Me Perrot, il fût dit par le Senat que la liquidation feroit faite à la forme de l'Edit, fans parler d'aucuns dommages interêts pour la plus haute valeur.

CHAPITRE VI.

1. *Lors qu'il y a deux Seigneurs qui demandent des fervis fur une même piéce, il faudra debriguer le fief.*

1. LOrs qu'il y a deux Seigneurs, qui demandent des fervis fur une même piéce, l'emphiteote ne fera obligé d'en payé aucune, jufques à ce qu'on aye debrigué le fief pour fçavoir à qui la piéce apartiendra, pas même fi l'un des Seigneurs offroit de donner caution, & de le relever envers l'autre Seigneur ; ainfi que dit Mr le Préfident Favre, en la def. 26. *C. de jur. emphit.* & faut que le poffeffeur offre de payer les devoirs à qui il fera dit par la Juftice.

CHAPITRE VII.

1. *Par quel espace de tems le domaine direct se prescrit.*

1. SI bien, ainsi que nous avons dit cy-devant, les servis, & arrerages des servis se prescrivent par l'espace de cinq ans. Il n'est pas de même du domaine direct ; car le Seigneur est toûjours recevable à demander ses servis, même quand il auroit demeuré par l'espace de cent ans sans en faire demande : la raison en est, parceque l'emphiteote possede le fonds du Seigneur au nom du Seigneur, non pas au sien ; duquel fonds il s'oblige d'en donner toutes les années, une chose certaine pour la cense, *& sic qui alieno nomine rem possidet, ullo tempore præscribere non potest.* Et c'est le sentiment du Senat, ainsi qu'il a jugé par divers Arrests, dont il a donné des actes de notorieté aux Païs étrangers.

CHAPITRE VIII.

1. *La Sentence renduë contre le premier emphiteote, est executoire contre le second possesseur.*

2. *Trois actions par lesquelles le Seigneur peut agir contre l'Emphiteote.*

1. LA Sentence renduë contre le premier emphiteote, pourra être éxecutée contre le second possesseur, qu'il faudra faire apeller pour l'execution, à son préjudice, cela s'entend si l'action est réelle : mais si la condânation est personnelle, on ne pourra agir que contre le condamné, ou ses héritiers. Fab. def. 40. C. de jur. emphit.

2. Il faut remarquer que le Seigneur peut agir contre l'emphiteote par trois sortes d'actions, par la reivindication, d'autant que si bien celuy qui a le domaine util qu'a reconnu le Seigneur, ne s'est pas départi du domaine direct qu'il a gardé riere soy, par la personnelle, parce que celui qui tient le fonds est obligé au Seigneur par la réconnoissance qu'il en

preste

preſte par l'hipothecaire, à cauſe de la tranſlation du
domaine qui eſt faite par le Seignûr, *id. def. 1. C. eod.*

CHAPITRE IX.

1. *Le Seigneur agiſſant par Aйion hipothecaire, eſt pré-*
ferable à tous autres créanciers.

LE Seigneur agiſſant par action hipothecaire eſt
preferable à tous autres créanciers, non-ſeule-
ment ſur les fonds ſe mouvans de ſon fief, mais encore ſur les autres de ſon emphitheote, pourveu que
par la réconnoiſſance, comme on a coûtume de
faire, les autres biens ſoient auſſi obligez, ainſi
qu'il a été jugé par pluſieurs Arrêts du Senat, ainſi
que dit Mr le Préſident Favre, *def. 59. C. eod.*

Ce qui ſe dit du Seigneur a lieu auſſi à l'aſſenſataire
à qui il a remis ſon droit.

CHAPITRE X.

1. *Edit abrogé portant que les Seigneurs ſeroient préferez*
à la vente des biens feudaux.
2. *Raiſon pourquoy il a été abrogé.*

1. SI bien par Edit de Charles Emanuël premier, du
15. Novembre 1605. entre autre il a été dit, que
le Seigneur joüira du droit de prelation, & ſera pre-
feré à tous autres à l'achet des biens ſe mouvans de
ſon fief, ſans que toutesfois il puiſſe ceder ce droit
à autre.

2. Toutesfois tel Edit n'a lieu, & à bon droit;
d'autant que par nos coûtumes, le Seigneur retire
les Laods de plus grande quantité qu'il n'eſt porté
par diſpoſition de droit, qui eſt la cinquantiéme partie du prix. Que ſi le Seigneur avoit le droit de Prelation, il s'enſuivroit qu'il ne ſeroit loiſible à perſonne de vendre ſon bien, vû qu'il y a peu de fonds
qui ne ſoient du fief de quelque Seigneur, & il arriveroit par ce moyen que les Seigneurs poſſederoient
tous les fonds, au moyen dequoy S. A. R. perdroit

B

quantité de ses revenus, à cause des fonds qui passe-
roient entre les mains des Nobles, & les Sujets sur-
chargez de Tailles, par les rejets qui se feroient, ne
pourroient payer les devoirs qu'ils sont obligez à
Son Altesse Royale étant reduits en extrême pau-
vreté.

De plus, autrefois on ne pouvoit vendre aucuns
biens, sans le consentemsnt du Seigneur, tellement
que il les faloit presenter, mais maintenant telle rigueur a été levée, & en échange on paye les Laods
selon la coûtume du Païs ; à sçavoir deux sols par
florin, qui est la sixiéme partie du prix.

De plus que maintenant *feuda & emphiteuses reda-*
cta sunt ad instar patrimoniorum, étant permis à chacun de disposer de ses biens à sa volonté, tant entre
vif, qu'en derniere volonté.

Troisiémement que si cela avoit lieu, il ne se trou-
veroit personne qui voulut acheter des fonds se
mouvans du fief des Seigneurs, car il feroit le marché pour le Seigneur, non pas pour luy. Et ainsi le
Senat a jugé en l'an 1593. pour Paul Arbelot, contre
la Dame de Saix.

Les Curieux pourront lire Monsieur Guide Pape,
quæst. 47. qui dit que le droit de prelation n'a lieu
en la donnation : de plus lorsque le Seigneur loüe sa
vente, *qu.* 411. *nu.* 2. En troisiéme lieu, en matiere
d'échange, *qu.* 92. *num.* 2. *in fin.* De plus quand il y a
plusieurs Seigneurs qui demandent les servis sur un
même fonds, *idem quæst.* 508. & ainsi a été jugé par
le Senat au mois de Février 1628. pour les Religieux
de S. François, & le Seigneur de Rochefort, Maître
des Comptes.

Par le même Edit, il est porté en termes exprés,
que *le Seigneur ne pourra ceder tel droit à autruy.*
Lequel privilége est personnel, *& sic personam*

egredi non potest, Guid. Pap. *q.* 411. Ranchin. *ibid. & l. fin. verf. fed nec hac occafione* , *C. de jur. emphit.*

Pour fçavoir par combien de tems le droit de pre-lation prefcrit, voyez Ferrerius, *ad quæf. Guid. Papa,* qui fait quantité de diftinctions, mais il a été dit par l'Edit, que trois mois après la vente, l'action fe pref-crit contre le Seigneur direct , pourveu qu'il ait infcript.

Il eft dit auffi que celuy qui vendra fes biens, fera contraint de déclarer le fief duquel les biens font mouvans , à peine de commife du prix de la vente, qui fera commis & échû au Seigneur direct , fans que le vendeur fe puiffe excufer les biens être mou-vans du Seigneur qui mieux informera : ce qui n'eft plus en ufage à prefent, tout de même que l'Edit d'Emanuël Philibert, du 1. Mars 1563. touchant les infcriptions des contrats & droit de commife, porté par iceluy , le Senat ayant prononcé autrement par divers Arrefts. En premier lieu le 15. Mars 1612. par Arreft rendu en Audience publique, ayant reçû le Seigneur Marquis de Tournon au payement des Laods, fi bien il avoit infcrit fon contrat à la forme de l'Edit : de plus par autre Arreft du 21. Juin 1614. entre le Seigneur de la Peyffe , & Maître Peyffard ; de plus, le 10. Janvier pour les Syndics de Landry Province de Tharentaife, contre Maître Borin du Bourg de S. Maurice ; & nouvellement, entre le Seigneur Marquis de Faverge , & Maître Perret , Procureur au Senat en l'an 1671. qui en pareil cas , au lieu de commife adjuge double Laods.

CHAPITRE XI.

I. *Les rentes & fervis qui font dûs à l'Eglife, font ina-lienables , finon en cas de neceffité.*

L Es biens de l'Eglife foit fonciers, rentes, fervis & autres en quoy qu'ils confiftent , font inalie-

bles, & ne se peuvent vendre, sinon en cas de né-
cessité, & avec les solemnitez ordonnées par la dis-
position du Droit, *sacra enim hæc bona sunt.*

CHAPITRE XII.

1. *Les Receveurs des servis doivent faire quittance aux*
   Favetiers de ce qu'ils recevront.

2. *Le Seigneur qui a fait quittance des servis de l'année*
   presente, n'est pas exclu de demander les servis des
   années precedentes.

3. *Si l'on a payé a un que l'on croiroit Procureur & Exa-*
   cteur, la quittance est bonne.

1. POur ce qui regarde les quittances que les Seigneurs doivent faire aux Emphiteotes, il a été
ordonné par Arrest du Senat , du 29. Mars 1539.
servant de Reglement, qu'il est enjoint aux Exacteurs
& Receveurs des servis, de passer bonne & suffisante
quittance és feudataires des servis qu'ils éxigeront
d'eux , & d'inserer dans les quittances, la quantité,
sommes, & especes qui leur seront données, & pour
quelle année ; & seront obligez d'en tenir notte dans
un Livre, qu'ils tiendront à cét effet.

2. Il faut remarquer que le Seigneur qui fait quittance des servis de l'année courante, n'est pas exclu
pour cela de demander ceux des années precedentes , ainsi que dit Monsieur le President Favre,
def. 14. *C. de jur. emphit.*

C'est pourquoy ceux seront avisez qui feront inserer dans leurs quittances , que le Seigneur a reçû
plein & entier payement des arrerages des Servis des
années passées , & encore de l'année presente.

3. De plus si on a payé à un qu'on croit Procureur
& Exacteur, dont on a tiré quittance, elle est bonne
& valable, ainsi que dit le même, *def.* 19. *C. eod.* &
ainsi le Senat a jugé contre le Seigneur de la Barre,
de qui les feudataires avoient payé à un nommé Sa-

lomon, Commiſſaire pour la renovation de ſes ré-
connoſſances, & néanmoins aprés la revocation de
ſa Procuration avoit éxigé quantité de devoirs.

Le motif de l'équité de l'Arreſt a été pris de la
Gloſſe, *l. invito 12. C. de ſolut. in verb. obligation. ubi*
ait reſtè ſolvi Procuratori etiam revocato, ſi tamen ſol-
vens ignores revocationem. ſ. 10. inſt. De mandato

C'eſt pourquoy les Seigneurs qui ont des Exacteurs,
ſeront aviſez que ſi-tôt que leur ſervice ne leur agré-
era pas, de le faire à ſçavoir & proclamer à l'iſſuë de
la Meſſe, où ils ont des fiefs, afin que perſonne ne
pretende cauſe d'ignorance de la revocation par
eux faite.

CHAPITRE XIII.

1. *Que doit faire l'Emphiteote qui eſt trop chargé de*
ſervis.

1. L'Emphiteote qui ſe trouve ſurchargé de ſervis,
peut quitter, & abandonner au Seigneur les
fonds qu'il tient ; mais il faut que par un préalable il
paye tous les arrerages des ſervis, juſques au tems
du rélâchement. *D. Fab. def. 11. C. de jur. emphit.*
idem Fab. def. 20. C. eod. . 52.

Toutesfois il ne pourra repeter du Seigneur les
dépenſes & réparations faites aux biens qu'il a aban-
donné. *Idem def. 3. C. eod. add. Guid. Pap. quæſt. 169.*
& quæſt. 438. ubi de reparationibus loquitur.

Que s'il y a pluſieurs piéces, il en pourra quitter
les unes, & retenir les autres, *niſi conſtet vel res om-*
nes, ſimul & unicâ confeſſione in emphiteuſim datas,
licet diſtinctis oneribus, vel plures ſub ejuſdem Canonis
onere recognitas fuiſſe : car en cela on feroit tort au
Seigneur, s'il étoit permis à l'Emphiteote de diviſer
ſon obligation, qui eſt individuë ; ce qui arriveroit
s'il étoit permis à l'Emphiteote, ayant retenu quelques piéces, de rélâcher les autres.

Et afin d'éviter tous inconveniens, ceux qui se trouveront trop chargez de servis, vendent leur piéce à un homme qui n'a rien pour le prix qu'ils veulent, faisant courir la realité devant le Notaire, & témoins, & lors que le Seigneur demande les servis, on lui indique nouveau Tenancier contre lequel il doit agir, & à qui il se doit adresser pour le payement de ses servis & laods, & comme l'acheteur n'a dequoi payer les servis, le Seigneur est contraint de réprendre de son fonds.

CHAPITRE XIV.

1. Le Seigneur qui vend un fonds se mouvans de son fief, s'il est évincé, il n'est obligé qu'à la restitution du prix.

1. SI le Seigneur vend un fond de son fief, si tel fonds est évincé, il n'est obligé qu'à la restitution du prix, *nam,* (dit Monsieur le President Favre, *def. 35. C. de emphit.) cùm emphiteusis speciem quandam habeat beneficii, aequum sanè est, mitiùs agi cum domino directo si modo non fuerit in dolo;* & ainsi le Senat a jugé au mois d'Août 1625. pour le Seigneur de la Barre, qui avoit vendu un fonds à un Cugnet de Chinin.

CHAPITRE XV.

1. Si l'Emphiteote sera exempt de payer les servis, si le fonds perit.

1. IL faut remarquer que l'Emphiteote n'est pas exempt de payer les servis, si par malheur quelque partie du fonds perit, selon le commun dire,

Res periit tota tunc nihil dabit Emphiteuta,
Si pro parte perit, non tamen liber erit.

l. 1. C. de jur. emphit. quia pensio magis percipitur pro recognitione dominii, quam fructuum compensatione, Bartol. ad Def. l. n. 4.

Toutesfois si par la faute & negligence du Tenancier, la chose vient à perir tout à fait, il ne sera

exempt de payer les servis. Comme si faute de faire
des reparations proche d'une riviere, elle emporte
& s'empare du fonds petit à petit, car si par une
inondation & ravage soudain, l'eau emporte le
fonds, sans que le possesseur y puisse mettre de
l'ordre, alors il ne sera tenu de payer aucuns servis,
parce qu'il n'y a de sa faute.

Que si par le Contrat l'on voit que la piece a été
donnée plûtôt en accensement, qu'en albergement,
alors il faudra que celui qui la donnée diminuë de
la cense à proportion que l'assensataire ne pourra
joüir des fruits, *D. Fab. def. 36. C. hoc tit.*

CHAPITRE XVI.
DES COURVE'ES.

1. *Deux sortes de Courvées, les unes personnelles, les
autres réelles.*

2. *Les Courvées ne tombent point en arrerage, & l'on
ne les peut éxiger si elles n'ont été demandées.*
*Dans les reconnoissances, les Emphiteotes s'obligent
souventesfois à des Courvées, que les Commissaires
nommoient anciennement,* ad opus, *& magnum
opus, maintenant elles sont nommées, à bras, qui
est la journée d'un Manœuvre, qui étoit autrefois* ad
opus. *Les autres sont Courvées à Bœufs, c'est à
dire, la journée de deux Bœufs, que l'on nommoit*
Magnum opus, *ces journées se prennent dés le Soleil
levant, jusques au couchant.*

1. **L**Es unes sont personnelles, c'est à dire, imposées sur la personne.

Les autres sont réelles, imposées sur les fonds, de
sorte qu'une terre doit non seulement tant de servis,
mais encore une Courvée à bras, ou à bœuf; & qui-
conque possede la terre, Noble, Ecclesiastique ou
Roturiers, est obligé de la faire ou la payer, en

quoi il faudra suivre la coûtume des lieux, & les stipulations qui sont marquées dans les Reconnoissances, car en des lieux, le Seigneur doit nourrir le Courvable : En des autres, le Courvable se doit nourrir lui-même.

2. Les Courvées ne tombent point en arrerage, *non petita censentur remissa*, le Seigneur ne les peut céder à un autre ; c'est à dire, qu'il ne peut envoyer son Courvable pour faire la journée, à un autre qu'à lui, *l. nec mercedem*, 12. *de operis libertorum : l. si quis hac lege*, §. *judicium*, & *l. quoties, eod. tit.* Et ainsi les Cours Souveraines jugent.

CHAPITRE XVII.

1. *Quand l'Emphiteote pourra demander rabais des Servis.*

1. L'Emphiteote ne peut demander rabais des servis à cause de la sterilité, ou autre dommage arrivé, ainsi que dit Monsieur Thesaure, *decis.* 20. *num.* 1. Julius Clarus, §. *Emphiteusis q.* 8. *vers. sed nunquid.*

Toutesfois cette regle n'a lieu lorsque par le moyen de l'injure de la guerre, l'Emphiteote est privé de tous les biens se mouvans du fief du Seigneur, de telle sorte qu'il n'en perçoit aucuns fruits, ni revenus, & c'est le sentiment des mêmes Docteurs aux lieux ci-devant-citez.

CHAPITRE XVIII.

1. *Si l'Emphiteote pourra contraindre le Seigneur afin de diminuër les servis.*

1. C'Est une chose reçuë parmi tous les Docteurs que l'Emphiteote ne peut contraindre le Seigneur de lui faire diminution des servis, s'il ne veut, la raison qu'ils en donnent est, que le Contrat d'Emphiteose étant un Contrat respectif qui oblige

également les deux parties, il faut qu'il soit rompu d'un même consentement, car selon le commun axiome du droit, *unum quodque eodem genere dissolvitur, quo colligatum est.paragrapho fin. instit. quibus modis oblig. solvitur.*

Toutesfois si l'Emphiteote se trouve trop chargé de servis; il se pourra servir des remedes dont nous avons parlé ci-devant.

CHAPITRE XIX.

1. *Si la simple assertion faite dans le Contrat de vente, les biens être du fief d'un tel Seigneur, donne quelque droit au Seigneur.*

1. L A simple assertion faite par le vendeur dans le Contrat de vente, que les fonds vendus sont du fief de tel Seigneur, telle assertion ne donne aucun droit au Seigneur duquel on dit que les fonds vendus dépendent, s'il n'y a autre chose pour prouver le droit d'Emphiteose : Et c'est la resolution qu'en donne Guy Pape, *q. 24.* Benedict. *in c. rainutius in verb. & uxor. n.* 444.

CHAPITRE XX.

1. *Le Contrat d'Emphiteose est un Contrat dont il faut qu'il conste par écrit, & ne se preuve par témoins.*

1. L E Contrat d'Emphiteose est un Contrat qui se doit faire par écrit, & où l'écriture est necessaire, qui donne la forme essentielle, sans quoi tout le reste n'est rien; aussi on a coûtume d'inscrire les reconnoissances des Emphiteoses dans des livres terriers, pour faire foi en jugement & dehors, signez par Commissaires en forme authentique : aussi par nos Edits il est ordonné que l'on fera demonstration & vuë oculaire par bons titres & documens, n'étans satisfactoire la déposition des témoins seuls pour la preuve de telles pactions

Groſſ. & DD. *in l. 1. C de jur. emphit.* Oſaſcus de-
ciſ. 53. *n.* 10. Les curieux pourront feüilleter Monſieur Maſuër aux additions à la premiere glo-
ſe de Ferrare , *in verb. in ſcriptis , in forma pro-
duʃtionis inſtrumenti* , qui examine cette queſtion à
fonds.

CHAPITRE XXI.

1. *Si l'on peut vendre les rentes feudales.*

NOus ſuivons en Savoye le droit François, par lequel *feuda redaʃta ſunt ad inſtar patrimoniorum,*
ainſi que dit Monſieur le Preſident Favre, *def.* 34. *C.
de jur. emphit.* les curieux pourront lire Monſieur
Guid. Pape q. 297. 304. 305. *& quaſt.* 59. *&* 180. Monſieur Chaſſenel , *in conſuetud. Burgund. rubrica tertia
per totum* , Benediʃt. *in cap. Reivutius in verb. duas
habens filias* , n. 69. *&* 21. qui dit *vendi poſſe feuda,*
Boër. *deciſ.* 114. *n.* 12. *id. deciſ.* 2. 8. *n.* 7. qui dit *idem
juris eſſe de re emphiteuticari , qua vendi poteſt libere
ſicut & feudum.*

CHAPITRE XXII.

*Taxe de la valeur du revenu feudal , ou ſervis en cas
de vente , ſelon le commun uſage du Païs
de Savoye.*

LE veiſſel de froment , meſure de Chambery,
ſans gets , ſe vent communement vingt écus
d'or ſol.

Le Seigle pour les deux tiers du froment , dix
écus l'orge pour avoine , dix écus.

Les chataignes blanches pour ſeigle , treize écus
d'or & tiers.

Et quand le fief eſt de grande étenduë , de petits
ſervis , le vaiſſeau de blé ſe vend d'avantage , comme ſi le ſervis eſt petit , le fief ſera de plus grande
valeur , juſqu'à 40. écus pour vaiſſeau , le froment
& autres eſpéces à proportion.

ǀ Vingt poules, font tirées pour un veiffel de froment.

L'argent fe vend au denier 30.

Le feitier de vin, qui font 32. pots de Chambery, fe vend fix écus fonl.

Les Courvées à fix fols, valent cinq florins.

Les Tourtres de pain qui font évaluées trois fol, valent trente fols.

L'homme taillable pour fa perfonne & biens, dix écus d'or foi.l. *voiés tit des taillables ch. 10 page 53 et fuivanes*

Les hommes lieges, cinq écus.

L'homme fenfit, autant que le taillable.

Liege franc fimplement, liege fans fervitude, & fans échûte.

L'homme Jurisdiƈtiable, autant que le liege taillable.

Le liege vendant à un homme fans condition, l'acheteur payé laods & foufferte, qui eft double laods, voyez ce que j'ai écrit au titre des laods. *Chap:* *voiés auffi le tit des taillables, page 12.*

CHAPITRE XXIII.

1. *Edits touchant l'alienation des fiefs qui font abrogez maintenant en Savoye.*

POur plus grande intelligence de ce que nous avons dit cy-devant, nous mettrons icy quelques Edits tirez des anciens Statuts de Savoye, touchant l'alienation des fiefs qui ne font plus en ufage, étant permis à un chacun de vendre & difpofer de fon bien comme bon luy femble.

YOLAND PRIMOGENITA. *tutrice.*

en permise l'alienation des biens féudaux pour les dodes ou dets necessaires moienant le consentem. du prince et le droit de prelation aux parens.

YOland Sœur aînée des trés - Chrêtiens Rois de France, Duchefſe de Savoye, Tutrice de Monſeigneur le Duc Philibert, Nôtre trés - cher Fils,

Duc de Savoye, Chablaix, &c. A tous ceux qui ces
Prefentes verront, Salut : Tout ainfi comme les Loix
divines & humaines ont trés-bien ordonné que les
Princes euffent le pouvoir fur leurs Sujets ; de même
il faut qu'ils ayent un foin particulier en ce qui tou-
che, & régarde leur confervation, profit, & utilité :
& en effet, aprés que Nous avons eû la Tutelle &
adminiftration de la Perfonne & biens de Nôtre trés-
Illuftre Fils, le Duc de Savoye, par la mort de Mon-
Seigneur le Duc Amé, d'heureufe mémoire, nôtre
trés-cher & Illuftre mary, Duc de Savoye : Nous
fommes obligez de procurer le bien de nos Sujets,
croyant qu'il n'eft meffeant, ny contre nôtre devoir
de moderer les loix, fi Nous voyons qu'elles rapor-
tent de la perte à nos Sujets : & comme ceux de delà
les Monts nous ont fait à fçavoir qu'il étoit deffendu
par le droit des fiefs, de vendre & aliener les biens
& chofes feudales, à autres perfonnes finon aux parens de ceux qui les poffedoient ; ce qui s'eft obfervé
riere nos Païs deçà les Monts, vû que quantité de
Nobles ayant des fiefs, en reffentent de l'incómodité,
& notâment ceux qui font chargez de filles prêtes à
marier, & detes ; & de plus que s'ils ont quantité de
fiefs, ils font néanmoins cours d'argent, tellement
qu'à leur grand deshonneur, ils ne peuvent fatisfaire
à leurs créanciers, ny payer les dottes de leurs filles :
ce qui eft fort confiderable, telles filles demeurans à
marier, les Parens ne fe foucians d'acheter tels fiefs,
finon à vil prix, tels fonds ne pouvant être vendus
qu'à eux ; & partant Nous devons raporter du reme-
de à une perte fi notable & generale, & d'autant plus
promtement, que Nous en fommes conviée par les
prieres de nos Sujets. C'eft pourquoy, Nous Voulôs,
Ordonnons, par le prefent Edit à jamais irrevocable,
de nôtre certaine fcience, pleine puiffance, & auto-

rité souveraine ; le tout avec meure déliberation de
nôtre Confeil, comme Tutrice de nôtre trés-Illuftre
Fils, pour luy, fes héritiers & Succeffeurs à l'avenir.
Que par cy-aprés tous les Nobles, ou autres poffedans fiefs nobles, foit chofes, ou fonds feudaux fe
mouvans de nôtre fief, ou autres qui fe mouvront,
tant eux que leurs Succeffeurs quelconques, pourront vendre & aliener les fonds feudaux, fiefs, à
toute autre perfonne, capable de les pouvoir tenir,
que à leurs Parens, ainfi comme bon leur femblera,
& ce pour marier leurs filles, ou payer leurs dettes,
& fe fecourir à leurs néceffitez, pourveu toutesfois
qu'ils en ayent demandé le pouvoir & confentement,
foit de Nous, Nôtre Fils, ou fes héritiers,& Succeffeurs. Et cas advenant que les Parens des vendeurs
aufquels Nous voulons qu'on prefente tels fonds,
premierement faffent refus,& méprifent de l'acheter,
& débourcer le prix, & dilayent plus qu'il ne faut:
Alors, moyenant ce Nous voulons, & commandons
que telles ventes & alienations foient autant valables
& ayent autant de force & vigueur, que fi elles
avoient été faites à leurs Parens ; fans que eux, ny
leurs Succeffeurs puiffent retourner aux biens, &
chofes venduës; ny moins obtenir Lettres de reftitu-
tion en entier, contre lefdites ventes ; & que les Parens & leurs Succeffeurs fçachent qu'ils font privez
& exclus entierement des biens ainfi alienez, comme auffi de tous droits, actions, pretentions, prero-
gatives, fucceffions, demandes,reftitution en entier,
qui leur pourroit apartenir ; fans qu'ils fe puiffent
fervir de la difpofition du Droit, ny de la coûtume
obfervée jufques à prefent, faifant au contraire. A
quoy avons derogé, & dérogeons de nôtre certaine
fcience, pleine puiffance, & autorité fouveraine,
Mandans, & Commandans à cét effet, à nôtre

né par le précedent Edit touchant la conſtitution des
dottes & le payement des dettes néceſſaires , aura
lieu à la reſtitution d'icelles qui ſe devra faire aprés
la diſſolution du Mariage, tout de même qu'és conſtitution d'icelles, pourvû qu'il aparoiſſe que les dottes ont été payées réellement , & d'effet avant le
tems de la reſtitution , avec l'augment , lequel s'il
n'y a des autres biens que des feudaux, aprés la
mort de la femme , l'augment retournera aux heritiers du mary , demeurant icelle joüiſſante pendant
ſa vie ſeulement.

Déclarans expreſſement que tels biens feudaux
des feudataires ſeront obligez & affectez, de ſorte
que en telle perſonne qu'ils paſſent , ou ont paſſé par
le paſſé , aprés tel tems du ſtatut par les loix des
fiefs , ſeront entendus avoir paſſé avec leur charge,
tellement ceux à qui tels biens ſont arrivez aprés la
publication de l'Edit , ou arriveront à l'avenir , les
auront avec leur charge , & ſeront tenus de reſti-
tuer les biens feudaux avec l'augment , ſelon la coûtume de nôtre païs delà les Monts , & du conſente-
ment qui eſt requis & neceſſaire porté par l'Edit aux
Conſtitutions des Dottes , ſera entendu qu'il le faudra avoir au tems que la reſtitution ſe fera , avec
l'augment qui ſera reverſible aux héritiers du mary,
ſi tant eſt qu'il n'aye aucuns biens ſinon des feudaux,
deſquels la femme demeurera ſaiſie pour l'augment,
pendant ſa vie ſeulement ; voulant qu'on obſerve le
reſte du precedent Edit, de point en point ſelon ſa
forme & teneur.

Monſieur le Preſident Favre en la definition 35. au
C. *de jur. emphit.* écrivant ſur les deux Edits, dit que ſi
bien la coûtume génerale du païs eſt que les fiefs *re-
ducta ſunt ad inſtar* , *patrimoniorum* , ainſi que nous
                                                  avons

avons dit cy-devant, toutesfois ils peuvent être
rendus inalienables, même pour raiſon des dotes,
à ſavoir par pactions & ſtipulations : Comme ſi je
vends tel fief pour le prix & ſomme de tant, à condition que l'acheteur ne le pourra vendre ny aliener
en façon ny maniere que ce ſoit à parens, ou autres
étrangers, & ne pourra être deſtrait de la maiſon
de l'acheteur pour quelque cauſe que ce ſoit, même
pour mariage des filles ; voulant & entendant les
Parties contrahantes que le fief demeurera entre les
mains des enfans mâles des uns aux autres juſques à
l'infini qui ne le pourront aucunement aliener, ains
demeurera côtinuellement à la maiſon entre les mâles, pour la côſervation d'icelle, ſans leſquelles reſer-
ves, pactions, & côventions la preſente vente n'auroit
été faite, ainſi que les Parties afferment par ſerment.

Voyez l'Edit d'Emanuël Philibert qui deffend
aux Dames & Demoiſelles qui poſſedent des fiefs,
de ſe marier à des perſonnes étrangeres, iceluy
Edit du 19. Janvier 1569.

✶✶✶✶✶✶✶✶✶✶✶✶✶✶✶✶✶✶✶✶✶✶✶✶✶✶✶✶✶✶

Deffenſes de retirer & éxiger aucuns ſervis, ſinon à la
Méſure du lieu.
Omnibus & ſingulis, Capite 81.

NOus deffendons à tous les Châtelains nos Exacteurs, & autres de nos Etats, d'éxiger, recou-
vrer des debiteurs des Cenſes, Revenus, Servis
annuels qui nous ſeront dûs, & aux autres, en
denrées, ſinon és Méſures des lieux où tels devoirs
ſeront dûs, ſinon de ceux qui ſont obligez de payer
à autres Méſures, ou ſont en coûtume de ce faire ;
& ne recevront, ny éxigeront d'iceux ſinon à la

E

Mésure qu'ils font obligez de payer , ou font en coûtume , à peine de cent livres fortes contre les côtrevenans, toutefois & quantes ils côtreviendront au préfent Edit, icelle amêde aplicable à nôtre Fifc.

1. *Il faut être éxact au poids & méfure.*
2. *Conftitution du Concile de Mayance.*
3. *Ordonnance de l'Empereur Juftinien.*
4. *Ceux qui ont inventez les poids & méfures.*
5. *Diverfes denominations des poids.*
6. *Marques des poids dont fe fervoient les Anciens.*

1. IL faut être éxact au poids & à la méfure, afin de n'être repris de la juftice de Dieu, l'un & l'autre étant chofe facrée, ainfi qu'il eft porté par l'Ecriture en ces mots : *Nolite facere aliquid iniquũ in judicio , in regula, in pondere , in menfura ftatera jufta & æqua fint pondera.* Il ne fe faut fervir de méfures & poids de differentes façons , *non habebitis in facculo diverfa pondera , majus aut minus, nec erit in domo tua modius aut major aut minor : pondus habebis juftum & verum, modius æqualis tibi erit , & verus ut multo tempore vivas fuper terram , quam Dominus dedit tibi :* Ofée parlant des pechez que Dieu deteftoit davantage , dit que c'en eft un qui tient le premier rang, *Canaam in manu ejus ftatera dolofa calumniam dixit.*

2. Par le Concile de Mayance, ceux qui fe fervoient de faux poids & méfures étoient condamnez de jeûner 30. jours à pain & eau.

3. L'Empereur Juftinien ordonna que ceux qui fe fervoient de faux poids & méfures fuffent foüettez, *qui diminutiores frumenti aut vini menfuras habent menfuram veterem, & per manus majoribus traditām, non ufurpantes ad turpis lucri cupiditate contra ftatuta*

facientes, ut fcelerati diris verberibus afficiantur.

Il faut remarquer l'Arreſt rendu par la Chambre, par lequel Elle ordonne qu'inhibitions feront faites à tous Receveurs & autres qu'il apartiendra en tous les Eſtats deçà les Monts, de tenir aucunes méſures en quelle façon que ce ſoit, en recevant, ou déli-vrant qu'elles ne ſoient marquées ou aprouvées par les Officiers Locaux, ou autres ayant de ce pouvoir, adviſées & échantillonnées ſur les vieilles méſures deſquelles on a coûtume d'uſer; & ce à peine de faux, & autre arbitraire: Etant enjoint à tous Châ-telains & autres Officiers des lieux, de faire publier le preſent Arreſt. Publié le 10. Juin 1580.

4. Il y a diverſes opinions touchant le premier qui a trouvé l'uſage des poids & méſures. Joſeph au pre-mier livre des antiquitez Judaïques dône la premiere invention à Caïn fils de nôtre premier pére Adam: les autres diſent que c'eſt Moïſe aux Iſraëlites lors qu'ils étoient aux deſerts: En Grece, à Sidon, com-me le plus expert: aux Juïfs, à Aſſa: en Jeruſalem, à Jeroboam: en Crete, à Mercure fils de Jupiter. Pline au livre 7me dit que c'eſt Phedon: Gellius, Palamede.

5. Les poids & méſures ſont differentes en chaque lieux, c'eſt pourquoy je ne me ſuis pas amuſé de faire une longue deſcription des anciennes & mo-dernes, m'étant contenté ſeulement de vous faire part de celles qui ſont en uſage parmy nous: les Curieux pourront lire ce qu'a écrit S. Iſidore, au Traité qu'il a fait *de ponderibus, menſuris & ſignis,* où il dône l'éthimologie de chaque mot en particulier, & dit que l'once eſt ainſi apellée, parce que dans ſon unité elle contient tous les autres petits poids: Pour l'once il faut 8. dragmes, & 24. ſcrupules, qui

est le nombre parfait, d'autant que dans le jour &
la nuit il y a 24. heures ; ou parce que 12.onces font
la livre qui est le poids le plus accomply , aussi on
l'apelle libre comme maîtresse de tout le reste.

Le Muy est ainsi apellé , *eo quod suo modo fit perfectus,*
qui contient 44.livres , à savoir 22. seitiers : la raison
en est que Dieu au commencement du monde a fait
22. Ouvrages. La premiere journée ayant creé une
matiere informe, les Anges, la lumiere, les Cieux, la
terre , l'eau , & l'air. La seconde , le Firmament. La
troisiéme les mers, les semences & plantes. La 4me
le Soleil , la Lune , & les étoiles. La 5me les oyseaux,
les poissons , & animaux rampans sur l'eau. La 6me
les bêtes farouches , & domestiques , les rampantes
par dessus la terre : & en dernier lieu , l'homme.

De plus en signe & figure des 22. generations qui
font dés Adam jusques à Jacob , dont est descendu
tout le peuple d'Israël , A l'imitation de ce l'Emine a
été composée de 22. seitiers par Moïse, selon l'ordinaire de la loy divine.

6. Marques dont se servoient les Anciens pour leurs
Poids & Mésures.

Z Demy Obole.

─I Un Obole.

─II─ Deux Oboles.

T Trois Oboles.

F Quatre Oboles.

E Cinq Oboles. Il n'y a point de marques à six
   Oboles, d'autant qu'ils font une dragme , qui est
   le poids du denier d'argent.

H Signifie six silliques, *id est* , Tremissem.

N L'Ecu d'or, que les Grecs apellent, *Numisma.*

IB Demy Ecu d'or.

▷ Une Dragme.
N I Demy once.
I O Une once.
T I Une livre.
K U Ciatus.
K O Une Emine.
3⌣O Acetabulum.
3⌣E Setier.

A A Talent.

Touchant les Poids & Mésures les Curieux pourront voir ce qu'a écrit Mr Loüis Savot Médecin du Roy de la Faculté de Paris ; qui a fait un Traité fort curieux des Médailles antiques, où il traite aussi des Poids & Mésures anciennes : & pour ne me pas rendre ennuyeux au Lecteur, j'ay mis seulement icy les Poids & Mésures dont nous-nous servons en Savoye.

CHAMBERY.

LE Poids de Chambery contient 18. onces ; tout ainsi que la livre de Lyon, & Grenoble, qui est la livre & poids de Table ; & à ce poids se pese le Sel qui se débite deçà les Monts. A la Boucherie la livre n'est que de 15. onces, la Ville en ayant levé une pour son service. ANNECY.

La livre est de 24. onces, qui est une livre & demy de Chambery, de même est le poids de La-Roche, & de l'haut Fouffigny. GENEVE.

Le poids est de 18. onces, valans 20. onces de Chambery, & 21. poids de Marc ; de sorte que 90. livres de Genêve font 120. livres de Chambery. *Rumilly & Seissel.* Leurs poids est de 18. onces, valans 21. de Chambery. *Pont de Beau-voisin.*

E iij

Il eſt auſſi de 18. onces. *Moûtiers.* Le poids de Moûtiers, & de Tarantaiſe la livre eſt de 18. onces *Saint Jean de Mourienne & Modane.*
Il eſt auſſi de 16. onces comme celuy de Chambery. *Ayguebelle.* Il eſt de 18. onces, valant 18. onces de Chambery. *Lannebourg,* Le poids eſt de 12. onces, valant 14. de S. Jean de Mourienne. *La Rochette,* Il eſt de 16. onces, tout ainſi que celuy de Châbery. *Bonne en Fouſſigny, Boage & S. Joyre, & Vieux en Sala,* le poids eſt de 18. onces. *A la Val-d'Aoſte* On compte par Rup, lequel eſt compoſé de 25. livres, la livre eſt de 12. onces comme en Piémont.

Méſures du Blé de Chambery & autres lieux, tirées des Archives de la ſouveraine Chambre des Comptes de Savoye.

CHAMBERY, Quatre quartans font le Veiſſel, le quartan contient 4. Mouduriers : le moudurier, 4. creveyrons. Deux vaiſſaux font la charge : Les Féves, l'Orge, le Seigle, & autres légumes ſe méſurent à la méſure du Froment.

L'Avoine ſe méſure à la cornuë, & en faut quatre pour le veiſſel, & la méſurant à la méſure du Froment, il faut ſept quartans & demy pour le veiſſel.

En cas de vente du Froment, ſur chaque vaiſſel il faut un moudurier, qu'on apelle les gets. Toutesfois on ne paye aucun gets en matiere de Servis, mais ſeulement quatre quartans ras pour le vaiſſau. Quant aux autres eſpeces de Blé, il ne faut que les quatre quartans pour le veiſſel, ſans aucuns gets.

Montmilian, Le Seytier vaut ſix varcines : la varcine deux quartes : la quarte, 4. coupets : le coupet, trois mouduriers ; elle eſt plus grande d'un douzain que celle d'Ayguebelle, de forte que 12. font 13.

Les fix quartes de Montmelian font le veiffel de Chambery avec les gets. La rafuire d'Avoine font trois coupets. La combliere eft une varcine comble, qui font huit coupets combles. Pour le veiffel de Servis de Montmelian, il ne faut que 4. quartes, & fi ce n'eft de Servis, il en faut fix quartes.

S. Pierre de Soucy, Les mefures de S. Pierre de Soucy font femblables à celles de Montmelian.

Miolans, Il faut mefure de Miolans 12. quartes pour un feytier. Sept bichettes font le veiffel de Chambery, fans gets : La Varcine deux Bichettes.

La Bichette, ou quarte, 2. coupets.

Le feytier Avoine, 24. quartes, ou bichettes.

Les 14. quartes font le veiffel de Chambery.

La varcine d'Avoine fait 4. quartes.

Ayguebelle, Le Seytier de Froment fait 6. varcines.

Le Muy 24. rafieres. L'ânée 3. varcines, la varcine 2. quarts. La quarte, 2. coupets : le coupet, 6. mouduriers. Les 3. varcines & demy coupet, font le veiffel de Chambery.

Les deux varcines d'Avoine mefurées à la mefure du Froment qu'eft l'ordinaire, font la varcine d'avoine, en côptant toûjours deux pour une, tellemét que 6. varcines, & un coupet d'Avoine mefure d'Ayguebelle, font le veiffel de Châbery à la grande mefure.

La combliere eft une varcine comble à la mefure du Froment, ou 2. quartans, 13. quartes, mefure d'Ayguebelle, pour un feitier à la mefure de Montmelian. Dix varcines d'avoine d'Ayguebelle font 12. à Montmelian. La quarte d'avoine de Montmelian, eft le quartan Froment de Chambery.

La Chambre, Trois varcines pour 2. d'Ayguebelle.

E iiij

Le Seitier fait six varcines, qui font 4. d'Aiguebelle.

La varcine 4. couppets, la varcine 2. quartes, la quarte 2. couppets.

Il faut trois varcines & $\frac{3}{4}$ pour le

veiffel méfure de Chambery, & pour le feitier d'Aiguebelle il faut neuf varcines de la Chambre, d'autant que le veiffel contient un $\frac{1}{12}$ de plus que le feitier d'Ayguebelle. *Saint Jean de Mourienne,* Pour un feitier on compte 8. quartes, qui ne font que 6. de Montmelian, valant le veiffel de Chambery, il faut 5. quartes de S. Jean pour 4. varcines de la Chambre. *Moûtiers,* La méfure du Blé eft plus grande que celle de S. Maurice, des gets ; de forte qu'elle paye le port de Moûtiers au Bourg de S. Maurice. *Ayme en Tharentaife, & Bourg de S. Maurice.* Le Seitier contient cinq Bichets & vaut le veiffel de Chambery, fauf un picot : le picot peut être 2. civiers, & peut pefer 2. livres : il faut 2. bichettes de Froment pour 2. d'Avoine. *AIX,* Pour le veiffel d'Aix il faut 8. quarts dudit lieu quant au Froment, il eft femblable à celuy de Chambery, le quart contient 2. mouduriers de Chambery. Le Meydier d'Aix contient 2. quartans de Chambery, & 4. quarts d'Arx. *A SAIX.* Le Seitier contient 4. bichettes : la bichette, 4. oynées, ou 2. quartes : la quarte eft un demy bichet : la couppe eft le quart d'une oynée. *La Rochette.* La méfure de la Rochette, Villarfalet, eft moindre du tiers que celle d'Ayguebelle, tant du Froment, que de l'Avoine : le feitier de la Rochette eft de même que celuy de la Chambre. L'émine font 3.

varcines de Froment & Seigle : & 6. d'Avoine.

Arvillars. Pour un feitier il faut 4. quartans, le quartal contient 6. coupes, & ne fe trouve moindre mefure que le coupet. Le feitier eft un veiffel, & quelque peu plus grand.   *Bauges*, La méfure eft égale à celle de Montmelian ; les fix quartes de Bauges font le veiffel de Chambery. La quarte eft égale à celle de Montmelian : la quarte de Bauge contient 2. bichettes Froment, il faut 4. bichettes pour un quartan d'Avoine, les 12. bichettes font un veiffel d'Avoine de Chambery : la quarte & bichette eft même chofe.   *Montfalcon.*
Il faut 7. quarts pour un veiffel de Chambery, fans gets : pour l'Avoine, le double ; à favoir 14. quarts.

Rumilly & Chautagne, La coupe de Froment eft de 4. quarts, les 6. quarts font le veiffel & 2. mouduriers Froment, méfure de Chambery, fans gets : il faut 8. quarts pour une coupe d'avoine de Rumilly, qui ne fuffit pour le veiffel de Chambery, mais encor il faut $\frac{1}{2}$ de quarts.   *ANNECY.*

La coupe d'ANNECY contient 4. quarts : trois quarts & demy font le veiffel de Châbery fans gets : la coupe vaut un veiffel avec fes gets, & demy creveyron davantage, méfure de Chambery, fi que les 12. quarts valent 13. de Chambery, & encor 2. creveyrons davantage.   *Saleneuve.*

Il faut fix quarts moins un picot pour la couppe d'Annecy, elle ne differe de celle de Rumilly que de $\frac{1}{2}$ dont la méfure de Rumilly eft plus grande, les 5. quarts font la couppe de Genéve.

Genéve, La coupe de Genéve contient 4. quarts

E   v

de Rumilly : pour la couppe de Genêve il faut 5. quarts de Saleneuve : la mésure d'Avoine est la même que du froment, & s'apretie au quart du fromét.

Bonne en Foussigny. La coupe de Blé est de 4. quarts, un peu moindre que celle de la Roche , & Genêve.

Boage & S. Joyre , & Vieux en Sala. De même en ces lieux on a coûtume en affensant les dîmes de les mettre en pair , & chaque pair est composé d'une couppe de froment, & d'une d'avoine : & lors celle d'avoine tire 5. quarts, & celle de froment 4.quarts. Le muy de Blé composé de 13. coupes de froment, & autant d'avoine.   *Seyssel.* La couppe contient 4. quarts : les 5. quartes $\frac{1}{2}$ vaut une coupe un quart,

$\frac{1}{2}$ font le veissel de Chambery : le bichet est demy couppe, qui fait 2. quarts. Il faut 4.quarts d'avoine pour la coupe ; le Ras contient 2. quarts à la mésure

du Froment 9. quarts & $\frac{1}{2}$ & $\frac{1}{8}$ d'un quart, font le veissel Avoine mésure de Chambery.

Châteaufort. Pour la coupe 4. quarts : 16. quarts ne font que la coupe de Seissel : il faut 12. quarts de Châteaufort d'avoine pour la coupe d'avoine de Seissel. Les six quarts de Froment de Châteaufort font le veissel de Chambery peu-prés.

Echelles. Les six rasieres valent le veissau de Chambery avec les gets : onze rasieres font le vaissel d'avoine à Chábery : la rasiere contient 9. mouduriers.

Yenne. Pour 2. seitiers il faut 8. bichets : pour un vaissel de Chambery avec ses gets, il faut 4. bichets,

les trois bichets & $\frac{1}{2}$ font le vesseil sans gets.

Il faut marquer que les 13. bichets d'avoine , font 13.

bichets de Belley. S. *RAMBERT*. La méfure de S. Rambert eſt égale de celle d'Yenne.

Le Pont de Beauvoiſin. Six bichets & demy de Froment, font le vaiſſel méſure de Chambery : les 3. bichets d'Avoine font le vaiſſel de Chambery.

Saint Genis. Trois bichets & tiers de bichets, font le vaiſſel de Chambery avec les gets : ſix bichettes Avoine valent 2. vaiſſaux de Chambery.

Billiena, Quatre quartes font le vaiſſel Froment de Chambery. *Entremons.* Les 5. méſures d'Entremons font le vaiſſel de Chambery avec les gets : 4. mouduriers pour la méſure : & 4. creveyrons pour le moudurier. *Entremons le Vieux.*

Il faut 9. quartans & tiers d'autre Froment, méſure d'Entremons le vieux, pour faire les 2. vaiſſaux avec les gets, méſure de Chambery. Le même en eſt pour l'Avoine. *Chaumont & Sezery*,

La coupe de Chaumont & de Sézery eſt compoſée de 4. quarts : le quart doit peſer 26. livres au poids de Genêve, qui eſt 18. onces ; tellement que pour le vaiſſel de Chambery, il faut le quart de la méſure de Chaumont & de Sezery. *Greſy en Genevois.*

Il faut 9. quarts méſure de Greſy pour le vaiſſel de Chambery avec les gets pour le Froment : quant à l'Avoine il faut 16. quarts & demy pour le vaiſſel méſure de Chambery. *Ayguebelle.* Le ſeitier Froment eſt compoſé de ſix varcines, les 3. faiſant le vaiſſel méſure de Chambery. Le ſeitier Seigle eſt compoſé de 6. varcines, les 3. faiſant le vaiſſel de Châbery, tout de même qu'au Froment. Le ſeitier Avoine eſt compoſé de 12. varcines méſure d'Aiguebelle. *Cruſeille*, La coupe fait 4. quarts : 3. quarts & demy & un picot font le vaiſſel de Chambery ſans

gets : la coupe est côme celle d'Annecy, sauf qu'elle
est moins d'un picot, qui est la 43me partie d'une
coupe, étant la coupe composée de 4. quarts : le
quart de 4. quartes : la quarte de 3. picots. *Meiry* :
Les 8. vaisseaux & demy mésure de Châbery, font 9.
vaisseaux mésure de Meiry : & par ainsi la mésure de
Meiry est moindre que celle de Châbery d'un 9me.

Sainte Heleine du Lac, La varcine fait une quarte
& douzain d'autre de celle de Montmelian. Les 12.
mouduriers font la quarte : la quarte de Môtmeliân,
& celle de Ste Hélaine du Lac, font la même. Les
6. quartes font le vaissel mésure de Châmbery : par
coûtume on prend pour la varcine de Ste Héleine,
une quarte mésure de Môtmelian, & le douzain d'une
autre. La Razette d'avoine n'est que les 2. tiers
d'une quarte d'avoine mésure de Montmelian.

Vaucerre, La mésure de Vaucerre est moindre
d'une cinquiéme que celle du Pont de Beauvoisin.

Greſi en Savoye, Elle est de même que celle de
Conflens. *Conflens*, Les 8. quartes de Conflens
font 9. quartans mésure de Châbery avec leurs gets,
moins un creveyron, froment. *Montreal*,
Le quartal vaut 6. bichettes & quelque peu mieux.
11. bichettes font le vaissel de Châbery, ou environ,
& les 6. meytieres valent le vaissel à la mésure de
Châbery, de froment. L'avoine se mésure à la mésure
du froment, en mettant 2. mésures pour une ; de
maniere que les 9. bichettes & demi d'avoine valent
le vaissel de Chambery, ou environ. *Ponſin*,
Le quartal froment vaut 6. bichettes, ou meitiers :
le bichet vaut 2. bichettes, ou meitiers : l'avoine se
mésure comme le froment. *Nantüa*, Il faut 7. bichettes pour le quartal de Ponſin, ainsi il est moin-

dre de la 7ᵐᵉ partie. *Cerdon*, Cerdon & celle de
Ponfin font égales à la méfure du froment,
Saint Joyre, Les 5. baffins de froment font un quart
de froment de Chambery. *Deffus le Sez*,
L'émine vaut 4. bichets : le feitier 2. émines : l'oynée rafe 3. bichets, une fexte, & un tiers de bichet ;
ou bien une oynée & tiers d'autre oynée.

Montdidier, L'émine vaut 6. bichets, le bichet
4. coupes : les 6. bichets, qui eft l'ânée, font le
veiffel de Châbery : la coûpe de ce lieu vaut le fexte
du vaiffel, qu'eft les 2. quarts d'un quartal : le quartal contient 8. coûpes froment, & douzain d'autre.
Montbel, Le feitier vaut 6. bichettes : les 7. bichettes
valent 2. vaiffaux froment avec leurs gets, & 2. creveyrons : les 6. bichets & un douzain valent 2. vaiffaux fans gets. *Sous le Sez*, Le feitier vaut 4. bichets,
le bichet 4. oynées : l'oynée 2. quartes : le quart
ou 2. bichets, la coûpe & quart d'une oynée. *Virieu
le Grand & Gramond*, Le feitier vaut 12. bichettes : les
4. bichettes defquels lieux font le vaiffel de Châberi.

Méfures de Chablis, *Thonon*, Un muis fait 12.
coûpes : la coûpe eft compofée de 4. quarts, il faut
6. quarts pour la méfure de Chambery. Quant à
l'avoine il n'y a autre que celle du froment ; & par
ce s'il l'on veut reduire à celle de Chambery, il
faudra doubler, & les onze quarts font le vaiffel.

Méfures du vin de Chambery.

Chambery, Montmelian, Aix, Cruët, font femblables : pour la charretée 8. barraux : la fommée
2. barraux 27. & 1 quartelets pour barral, méfure
d'huile. 2 *Montmelian & Albin*,

La coûpe de vin ne vaut que 4. quartelets.
L'émine d'émine demi feitier, qui eft 16. quartelets,

l'échandal une fommée de 35. quartelets ; les uns la prennent pour 60. quartelets, & les autres pour 32. quartelets & 64. La fommée de 9. meitiers vaut 36. quartelets, & le barral 27. quartelets & demy ; & par ce, la meytiere eft de 4. quartelets, combien qu'il y en a qui difent qu'elle vaut 9. quartelets, ce que non. Le quartan vaut 4. quartelets : le pot & quarteron c'eft la même : Picholette, picote, c'eft le gevelot. Le barral de Servis, n'eft que de 24. quartelets, & s'il n'eft dit de Servis, vaut 27. & un picot.   *Saint Pierre de Soucy*, La méfure de S. Pierre de Soucy fe prend de même que celle de Montmelian, encore qu'il y aye cent ans qu'elle étoit plus forte d'un gevelot que celle de Montmelian.   *Miolans*, Le barral de vin ne vaut que 16. quartelets de Chambery. *Ayguebelle*, le feitier 24. quarterons, qui font 64. picots : la coûpe 16. picots, ou 8. quarterons : le brochet 4. picots : le picot 2. picholettes : la fommée 42. quarterons, ou 82. picots ; le fchandal comme le brochet : le barril 21. quarterons, l'émine 42. picots.   *Moûtiers*, Les 3. gevelots d'Ayme, & du Bourg de S. Maurice, font le pot de Moûtiers. Les méfures d'Ayme & du Bourg font femblables à celles de Chambery, la fommée contient 64. pots, & s'apelle léchandal.

La Rochette, La fommée de la Rochette contient 42. quartelets, le quartelet valant 2. pots.

Arvillars, Le feitier eft de 64. picots, & le barral de 21. pots, foit quartelets.   *Châteaufort*, Quatre fommée de vin chacune de 80. pots, font la charretée de Chambery : le feitier 40. pots, le clavelet de Chautagne eft 2. pots : & le pot 4. feüillettes. *Biliema*, Le feitier du vin 70. pots : une aunée 7. pots.

Yenne, Le feitier du vin fait 72. pots : l'aunée eſt la moitié du feitier : l'aunée font 7. pots. *Conflens,*

La fommée de Conflens eſt de 12. coûpes : & la charge de 8. coûpes : la coûpe eſt de 8. pots méſure de Conflens, & le pot tient 14. verres raiſonnables. *Greyſi en Savoye,* La charge de Greyſi eſt de 64. pots. *Meiry,* La coûpe contient 3. pots méſure d'huile, la faillette 2. pots, foit quartelets. *Bourget,* On fait valoir au Prieuré du Bourget la coûpe 16. pots, foit quartelets. *Seyſſel,* Trois fommée de vin de Seyſſel valent une charretée de vin méſure de Châbery : la fommée contient 4. barraux de ce lieu. ANNECY, La fommée de vin vaut 4. barraux : le barral tient 21. quarterons : le quarteron 2. pots : le pot 2. picholettes. *Ponſin, Cerdon,* Quatre barraux font une fommée : le barral vaut 24. pots.

Virieu le grand, Le feytier vaut 44. pots. *Sezery,* Le feytier vaut 48. pots, & la méſure eſt plus grande que celle de Virieu du quart. *Champagny,* L'aunée eſt compoſée de 48. pots méſure dud. lieu : la coûpe 8. pots, l'aunée 24. pots, qui eſt demy feitier du même lieu. *Saint Jean de Mourienne,* La fommée 64. pots : le barral 32. pots : le pot, le quartelet de Chambery, moins une 5me partie. *Lannebourg,* Le feytier 32. pots : le pot fait le quartelet de Chambery moins demy verre. Le quarteron au poids fait 6. pots : la boule 10. quarterons.

Méſures du SEL.

LE Minot peſe 120. livres, l'émine 115. la livre 16. onces. L'émine contient 10 quartes, ou mouduriers, & un creveyron· la quarte contient 4. creveyrons. Quatre quartes font un meytier ; ſi que 2. meytieres & demy font l'émine, & l'émine eſt un quartan Froment. La quarte & le moudurier, fait jusques à demy creveyron. Le Scytier du Sel mésure de Chambery, fait 4. meytieres, une quarte, & un creveyron.

Du Pié de Cube.

Un demy pié de cube contient un moudurier moins

$\frac{1}{24}$ de Froment.

En Avoine 2. quartans moins $\frac{1}{10}$

EN VIN,

$\frac{1}{2}$ Pied de Cube contient cinq picots, &

$\frac{1}{16}$ de gevelot vin, mésure de Chambery.

Aussi le pié de cube contient 20. quarteiets, &

$\frac{1}{2}$ gevelot.

Un pié de cube, & $\frac{1}{23}$ contient 30. quartelets, & 4. gevelots, valant un barral mésure d'Huile.   *La Meytiere.*

Deux barrils de vin font 9. meytieres, tellement que pour sçavoir combien de pots de vin vaut la meytiere, il faut suputer selon les lieux, ce que le barral de vin vaut de pots.   F I N.

___

Se vendent Annecy, chez Humbert Fontaine *Imprimeur & Libraire, avec les 6. autres Traitez de Spectable* GASPARD BALLY ; *comme encore la Pratique de Mr le Président* FAVRE ; *avec le Stile & maniere de proceder és matieres criminelles, par Mr* MOREL *Conseiller de S. A. R. &c.*

www.ingramcontent.com/pod-product-compliance
Lightning Source LLC
Chambersburg PA
CBHW071411200326
41520CB00014B/3397